Great Works

Instructional Guides for Literature

Henry y Mudge:
El primer libro de sus aventuras

Based on the Spanish version of the book by Cynthia Rylant
Great Works Author: Jennifer Lynn Prior

Publishing Credits

Corinne Burton, M.A.Ed., *Publisher*; Emily R. Smith, M.A.Ed., *Content Director*; Robin Erickson, *Art Director*; Lee Aucoin, *Senior Graphic Designer*; Caroline Gasca, M.S.Ed., *Senior Editor*; Stephanie Bernard, *Associate Editor*; Sam Morales, M.A., *Associate Editor*; Don Tran, *Graphic Designer*; Amber Goff, *Editorial Assistant*; Jill Malcolm, *Junior Graphic Designer*

Image Credits

Andrew Mitchell (cover; page 11); Timothy J. Bradley (pages 61–62); All other images Shutterstock

Standards

© Copyright 2010. National Governors Association Center for Best Practices and Council of Chief State School Officers. All rights reserved.

Shell Education

5301 Oceanus Drive
Huntington Beach, CA 92649-1030
http://www.shelleducation.com
ISBN 978-1-4258-1750-3
© 2019 Shell Educational Publishing, Inc.

Table of Contents

How to Use This Literature Guide 4
   Theme Thoughts 4
   Vocabulary 5
   Analyzing the Literature 6
   Reader Response 6
   Guided Close Reading 6
   Making Connections. 7
   Language Learning. 7
   Story Elements. 7
   Culminating Activity 8
   Comprehension Assessment 8
   Response to Literature 8

Correlation to the Standards 8
   Purpose and Intent of Standards 8
   How to Find Standards Correlations 8
   Standards Correlation Chart 9

About the Author—Cynthia Rylant 11
   Possible Texts for Text Comparisons 11

Book Summary of *Henry and Mudge: The First Book* 12
   Cross-Curricular Connection 12
   Possible Texts for Text Sets. 12

Teacher Plans and Student Pages 13
   Pre-Reading Theme Thoughts. 13
   Section 1: Henry Gets a Dog 14
   Section 2: Henry Walks to School 23
   Section 3: Mudge in Henry's Room 32
   Section 4: Mudge Gets Lost 41
   Section 5: Henry and Mudge Back Together. .50

Post-Reading Activities 59
   Post-Reading Theme Thoughts. 59
   Culminating Activity: Reader's Theater 60
   Comprehension Assessment 64
   Response to Literature: Benefits of Owning a Pet 66

Writing Paper 69

Answer Key 71

How to Use This Literature Guide

Today's standards demand rigor and relevance in the reading of complex texts. The units in this series guide teachers in a rich and deep exploration of worthwhile works of literature for classroom study. The most rigorous instruction can also be interesting and engaging!

Many current strategies for effective literacy instruction have been incorporated into these instructional guides for literature. Throughout the units, text-dependent questions are used to determine comprehension of the book as well as student interpretation of the vocabulary words. The books chosen for the series are complex and are exemplars of carefully crafted works of literature. Close reading is used throughout the units to guide students toward revisiting the text and using textual evidence to respond to prompts orally and in writing. Students must analyze the story elements in multiple assignments for each section of the book. All of these strategies work together to rigorously guide students through their study of literature.

The next few pages describe how to use this guide for a purposeful and meaningful literature study. Each section of this guide is set up in the same way to make it easier for you to implement the instruction in your classroom.

Theme Thoughts

The great works of literature used throughout this series have important themes that have been relevant to people for many years. Many of the themes will be discussed during the various sections of this instructional guide. However, it would also benefit students to have independent time to think about the key themes of the book.

Before students begin reading, have them complete the *Pre-Reading Theme Thoughts* (page 13). This graphic organizer will allow students to think about the themes outside the context of the story. They'll have the opportunity to evaluate statements based on important themes and defend their opinions. Be sure to keep students' papers for comparison to the *Post-Reading Theme Thoughts* (page 59). This graphic organizer is similar to the pre-reading activity. However, this time, students will be answering the questions from the point of view of one of the characters in the book. They have to think about how the character would feel about each statement and defend their thoughts. To conclude the activity, have students compare what they thought about the themes before the book to what the characters discovered during the story.

How to Use This Literature Guide (cont.)

Vocabulary

Each teacher reference vocabulary overview page has definitions and sentences about how key vocabulary words are used in the section. These words should be introduced and discussed with students. Students will use these words in different activities throughout the book.

On some of the vocabulary student pages, students are asked to answer text-related questions about vocabulary words from the sections. The following question stems will help you create your own vocabulary questions if you'd like to extend the discussion.

- ¿De qué manera esta palabra describe la personalidad de _____?
- ¿De qué manera esta palabra se relaciona con el problema del cuento?
- ¿De qué manera esta palabra te ayuda a comprender el escenario?
- Dime de qué manera esta palabra se relaciona con la idea principal del cuento.
- ¿Qué imágenes te trae a la mente esta palabra?
- ¿Por qué crees que la autora usó esta palabra?

At times, you may find that more work with the words will help students understand their meanings and importance. These quick vocabulary activities are a good way to further study the words.

- Students can play vocabulary concentration. Make one set of cards that has the words on them and another set with the definitions. Then, have students lay them out on the table and play concentration. The goal of the game is to match vocabulary words with their definitions. For early readers or language learners, the two sets of cards could be the words and pictures of the words.

- Students can create word journal entries about the words. Students choose words they think are important and then describe why they think each word is important within the book. Early readers or language learners could instead draw pictures about the words in a journal.

- Students can create puppets and use them to act out the vocabulary words from the stories. Students may also enjoy telling their own character-driven stories using vocabulary words from the original stories.

How to Use This Literature Guide (cont.)

Analyzing the Literature

After you have read each section with students, hold a small-group or whole-class discussion. Provided on the teacher reference page for each section are leveled questions. The questions are written at two levels of complexity to allow you to decide which questions best meet the needs of your students. The Level 1 questions are typically less abstract than the Level 2 questions. These questions are focused on the various story elements, such as character, setting, and plot. Be sure to add further questions as your students discuss what they've read. For each question, a few key points are provided for your reference as you discuss the book with students.

Reader Response

In today's classrooms, there are often great readers who are below average writers. So much time and energy is spent in classrooms getting students to read on grade level that little time is left to focus on writing skills. To help teachers include more writing in their daily literacy instruction, each section of this guide has a literature-based reader response prompt. Each of the three genres of writing is used in the reader responses within this guide: narrative, informative/explanatory, and opinion. Before students write, you may want to allow them time to draw pictures related to the topic. Book-themed writing paper is provided on pages 69–70 if your students need more space to write.

Guided Close Reading

Within each section of this guide, it is suggested that you closely reread a portion of the text with your students. Page numbers are given, but since some versions of the books may have different page numbers, the sections to be reread are described by location as well. After rereading the section, there are a few text-dependent questions to be answered by students. Working space has been provided to help students prepare for the group discussion. They should record their thoughts and ideas on the activity page and refer to it during your discussion. Rather than just taking notes, you may want to require students to write complete responses to the questions before discussing them with you.

Encourage students to read one question at a time and then go back to the text and discover the answer. Work with students to ensure that they use the text to determine their answers rather than making unsupported inferences. Suggested answers are provided in the answer key.

How to Use This Literature Guide (cont.)

Guided Close Reading (cont.)

The generic open-ended stems below can be used to write your own text-dependent questions if you would like to give students more practice.

- ¿Qué palabras del cuento respaldan...?
- ¿Qué texto te ayuda a entender...?
- Usa el libro para explicar por qué sucedió...
- Basándote en los sucesos del cuento, ¿...?
- Muéstrame la parte del texto que apoya...
- Usa el texto para explicar por qué...

Making Connections

The activities in this section help students make cross-curricular connections to mathematics, science, social studies, fine arts, or other curricular areas. These activities require higher-order thinking skills from students but also allow for creative thinking.

Language Learning

A special section has been set aside to connect the literature to language conventions. Through these activities, students will have opportunities to practice the conventions of standard English grammar, usage, capitalization, and punctuation.

Story Elements

It is important to spend time discussing what the common story elements are in literature. Understanding the characters, setting, plot, and theme can increase students' comprehension and appreciation of the story. If teachers begin discussing these elements in early childhood, students will more likely internalize the concepts and look for the elements in their independent reading. Another very important reason for focusing on the story elements is that students will be better writers if they think about how the stories they read are constructed.

In the story elements activities, students are asked to create work related to the characters, setting, or plot. Consider having students complete only one of these activities. If you give students a choice on this assignment, each student can decide to complete the activity that most appeals to him or her. Different intelligences are used so that the activities are diverse and interesting to all students.

How to Use This Literature Guide (cont.)

Culminating Activity

At the end of this instructional guide is a creative culminating activity that allows students the opportunity to share what they've learned from reading the book. This activity is open ended so that students can push themselves to create their own great works within your language arts classroom.

Comprehension Assessment

The questions in this section require students to think about the book they've read as well as the words that were used in the book. Some questions are tied to quotations from the book to engage students and require them to think about the text as they answer the questions.

Response to Literature

Finally, students are asked to respond to the literature by drawing pictures and writing about the characters and stories. A suggested rubric is provided for teacher reference.

Correlation to the Standards

Shell Education is committed to producing educational materials that are research and standards based. As part of this effort, we have correlated all of our products to the academic standards of all 50 states, the District of Columbia, the Department of Defense Dependents Schools, and all Canadian provinces.

Purpose and Intent of Standards

Standards are designed to focus instruction and guide adoption of curricula. Standards are statements that describe the criteria necessary for students to meet specific academic goals. They define the knowledge, skills, and content students should acquire at each level. Standards are also used to develop standardized tests to evaluate students' academic progress. Teachers are required to demonstrate how their lessons meet standards. Standards are used in the development of all of our products, so educators can be assured they meet high academic standards.

How To Find Standards Correlations

To print a customized correlation report of this product for your state, visit our website at http://www.shelleducation.com and follow the online directions. If you require assistance in printing correlation reports, please contact our Customer Service Department at 1-877-777-3450.

Correlation to the Standards

Standards Correlation Chart

The lessons in this book were written to support today's college and career readiness standards. The following chart indicates which lessons address each standard.

College and Career Readiness Standard	Section
Read closely to determine what the text says explicitly and to make logical inferences from it; cite specific textual evidence when writing or speaking to support conclusions drawn from the text.	Analyzing the Literature Sections 1–5; Guided Close Reading Sections 1–5; Story Elements Sections 2–3
Determine central ideas or themes of a text and analyze their development; summarize the key supporting details and ideas.	Analyzing the Literature Sections 1–5; Guided Close Reading Sections 1–5; Making Connections Sections 2, 4; Post-Reading Response to Literature
Analyze how and why individuals, events, or ideas develop and interact over the course of a text.	Analyzing the Literature Sections 1–5; Guided Close Reading Sections 1–5; Story Elements Sections 4–5; Post-Reading Response to Literature
Interpret words and phrases as they are used in a text, including determining technical, connotative, and figurative meanings, and analyze how specific word choices shape meaning or tone.	Vocabulary Sections 1–5; Analyzing the Literature Sections 1–5
Read and comprehend complex literary and informational texts independently and proficiently.	Guided Close Reading Sections 1–5
Write arguments to support claims in an analysis of substantive topics or texts using valid reasoning and relevant and sufficient evidence.	Reader Response Section 3
Write informative/explanatory texts to examine and convey complex ideas and information clearly and accurately through the effective selection, organization, and analysis of content.	Reader Response Sections 1, 4
Write narratives to develop real or imagined experiences or events using effective technique, well-chosen details and well-structured event sequences.	Reader Response Sections 2, 5; Story Elements Section 1

Correlation to the Standards (cont.)

Standards Correlation Chart (cont.)

College and Career Readiness Standard	Section
Produce clear and coherent writing in which the development, organization, and style are appropriate to task, purpose, and audience.	Reader Response Sections 1–5; Story Elements Sections 1–2, 4–5; Culminating Activity
Demonstrate command of the conventions of standard English grammar and usage when writing or speaking.	Reader Response Sections 1–5; Language Learning Sections 1, 3–5; Story Elements Section 1; Making Connections Section 4
Demonstrate command of the conventions of standard English capitalization, punctuation, and spelling when writing.	Language Learning Section 2
Determine or clarify the meaning of unknown and multiple-meaning words and phrases by using context clues, analyzing meaningful word parts, and consulting general and specialized reference materials, as appropriate.	Vocabulary Sections 1–5
Acquire and use accurately a range of general academic and domain-specific words and phrases sufficient for reading, writing, speaking, and listening at the college and career readiness level; demonstrate independence in gathering vocabulary knowledge when encountering an unknown term important to comprehension or expression.	Vocabulary Sections 1–5; Culminating Activity

About the Author—Cynthia Rylant

Cynthia Rylant grew up in West Virginia. At one point, she lived with her grandparents in the mountains. They had no electricity or running water. This life with her grandparents was her inspiration for writing *When I Was Young in the Mountains*. She writes of taking baths in the kitchen, using an outhouse, and spending time with family. Many of her books are about her life growing up.

She started writing children's books after she took an English class in college and hasn't stopped since. She loves cats and dogs and writes about many of her pets from over the years in her books. *Cat Heaven* features Edward Velvetpaws and Tomato, two of her beloved kittens.

While children of all ages love Cynthia Rylant's books, the Henry and Mudge books rise to the top as favorites for young children. The series describes the adventures of a young boy named Henry and his huge dog and loving companion, Mudge.

More information about Cynthia Rylant and her books can be found at the following website:

- http://www.cynthiarylant.com

Possible Texts for Text Comparisons

There are about 30 Henry and Mudge books in the series. A few memorable titles include: *Henry and Mudge in Puddle Trouble, Henry and Mudge and the Tall Tree House, Henry and Mudge and the Forever Sea*, and *Henry and Mudge and the Snowman Plan*. These books can be used as comparisons to *Henry and Mudge: The First Book*.

Book Summary of *Henry and Mudge: The First Book*

Cynthia Rylant writes a story of love and companionship between a boy and his dog. This book contains seven short chapters about Henry and Mudge. Henry wants a friend to play with and his parents get him a dog. Mudge is a huge dog that loves Henry and makes him feel safe and loved. When Mudge gets lost, Henry searches for him and brings him home. Henry and Mudge do not want to be separated ever again.

Cross-Curricular Connection

This book can be used to explore social studies concepts, such as responsibility, friendship, companionship, and pet ownership.

Possible Texts for Text Sets

- Carney, Elizabeth. *National Geographic Readers: Cats vs. Dogs*. National Geographic Children's Books, 2011.

- Newman, Aline Alexander and Gary Weitzman. *How to Speak Dog: A Guide to Decoding Dog Language*. National Geographic Children's Books, 2013.

- Osborne, Mary Pope. *Magic Tree House Fact Tracker #24: Dog Heroes: A Nonfiction Companion to Magic Tree House #46: Dogs in the Dead of Night*. Random House Books for Young Readers, 2011.

- Spears, James. *National Geographic Kids Everything Pets: Furry Facts, Photos, and Fun— Unleashed!* National Geographic Children's Books, 2013.

or

- Day, Alexandra. *Good Dog, Carl*. Aladdin Paperbacks, 1997.

- MacLachlan, Patricia. *Waiting for the Magic*. Atheneum Books for Young Readers, 2012.

- Willems, Mo. *Pigeon Wants a Puppy*. Disney-Hyperion, 2008.

Nombre _____ Fecha _____

Prelectura: pensamientos sobre el tema

Instrucciones: Dibuja una carita feliz o una carita triste. La carita debe mostrar qué piensas de cada afirmación. Luego, usa palabras para explicar qué piensas de cada afirmación.

Afirmación	¿cómo te sientes? ☺ ☹	Explica tu respuesta
Los perros son buenos amigos.		
Estar solo puede dar miedo.		
Es triste perder una mascota.		
No es importante tener un buen amigo.		

Henry Gets a Dog (pages 5-13)

Vocabulary Overview

Key words and phrases from this section are provided below with definitions and sentences about how the words are used in the story. Introduce and discuss these important vocabulary words with students. If you think these words or other words in the story warrant more time devoted to them, there are suggestions in the introduction for other vocabulary activities (page 5).

Palabra o frase	Definición	Oración sobre el texto
hermanos (p. 5)	niños que tienen los mismos padres que tú	Henry quiere tener un **hermano**.
hermanas (p. 5)	niñas que tienen los mismos padres que tú	Henry no tiene una **hermana**.
amigos (p. 5)	compañeros; personas con quienes pasar el tiempo	Henry quiere tener **amigos**.
calle (p. 5)	una vía pública que tiene casas o edificios en un lado u otro	Henry no tiene amigos en su **calle**.
niños (p. 7)	más de un niño	No hay **niños** que vivan en la calle de Henry.
caídas (p. 10)	sueltas y flexibles	Mudge tiene las orejas **caídas**.
collares (p. 11)	aros que rodean el cuello	Mudge creció hasta que no le venían bien siete **collares**.
ciento ochenta libras (p. 12)	una cantidad de peso	Mudge pesa **ciento ochenta libras**.
babeaba (p. 12)	goteaba saliva de la boca	Mudge **babea** sobre Henry.
lamió (p. 13)	pasó con la lengua	Mudge **lame** la cara de Henry.

Nombre _____ Fecha _____

Actividad del vocabulario

Instrucciones: Elige al menos dos palabras del cuento. Haz un dibujo que muestre lo que estas palabras significan. Rotula tu imagen.

Palabras del cuento

hermanos	hermanas	amigos	calle	niños
caídas	ciento ochenta libras	babeaba	lamió	collar

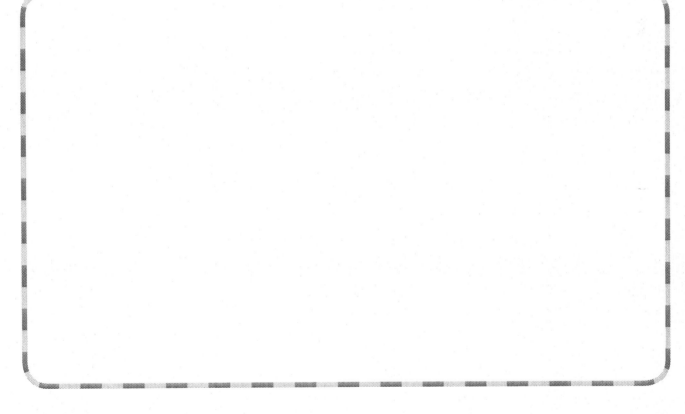

Instrucciones: Responde la pregunta.

1. Henry quiere **amigos**. ¿En qué se parece tener un perro a tener un **amigo**?

_____

_____

Henry Gets a Dog (pages 5-13)

Analyzing the Literature

Provided below are discussion questions you can use in small groups, with the whole class, or for written assignments. Each question is written at two levels so you can choose the right question for each group of students. For each question, a few key points are provided for your reference as you discuss the book with students.

Story Element	Level 1 Questions for Students	Level 2 Questions for Students	Key Discussion Points
Character	¿Por qué Henry quiere un perro?	¿Qué es lo que hace cambiar la opinión de los papás de Henry sobre tener un perro?	Henry is lonely because he is an only child and there are no children who live on his street. He asks for a dog and his parents almost say no, but they realize that a dog would be a good friend for Henry.
Character	¿Cómo cambia Mudge a medida que crece?	¿Qué cosas le quedan chicas a Mudge y por qué?	Mudge starts out small as a puppy, but he grows to be a very large dog. He keeps outgrowing his collars and his cages, so the family has to keep buying larger ones for him..
Plot	Describe el tipo de perro que quiere Henry.	¿De qué maneras es Mudge el perro perfecto para Henry?	Henry does not want a dog with pointed ears or curly hair. Mudge loves Henry, licks him, and sits on him.

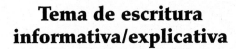

Nombre _____ Fecha _____

Reflexión del lector

Piensa

Piensa en algo que hayas visto crecer. Puede ser una flor, una verdura del huerto, una mascota o un bebé.

Tema de escritura informativa/explicativa

Escribe sobre algo que hayas visto crecer. Describe los diferentes cambios por los que pasó mientras crecía.

_____

_____

_____

_____

_____

_____

_____

_____

_____

Nombre _____ Fecha _____

Lectura enfocada guiada

Vuelve a leer con atención sobre Mudge cuando era cachorro (páginas 9–13).

Instrucciones: Piensa en estas preguntas. En los espacios, escribe ideas o haz dibujos. Prepárate para compartir tus respuestas.

❶ ¿Qué razón da Henry para explicar por qué Mudge era pequeño al principio?

❷ ¿Qué texto de esta sección del libro muestra que a Mudge le gusta mucho Henry?

❸ ¿Qué les dice Henry a sus padres que muestra que está feliz de que le permitieron tener un perro?

Nombre _____ Fecha _____

Relacionarse: ser dueño de una mascota

Ser dueño de una mascota es una gran responsabilidad. Quiere decir que tienes que tomar buenas decisiones para tu mascota. Lee sobre ser un buen dueño de mascota.

- **Espacio:** Un buen dueño de mascota piensa en dónde habitará una mascota. Un perro necesita un patio o un espacio para pasear.

- **Comida y suministros:** Diferentes mascotas necesitan diferentes tipos de comida. Un perro grande come mucho. Un perro necesita una correa y un collar. Un gato necesita un arenero. Todas las mascotas necesitan agua.

- **Tiempo:** Algunas mascotas necesitan más atención que otras. Un pez no necesita mucho tiempo. Un perro o un gato necesitan un dueño que les dedique tiempo. Necesitan jugar y ser queridos.

- **Cuidado de la salud:** Todas las mascotas necesitan cuidados especiales para estar sanos. Los perros y los gatos necesitan citas regulares con el veterinario para recibir inyecciones y medicina.

Instrucciones: Debajo de cada tipo de mascota, escribe sus necesidades. Puedes usar cada necesidad para más de un animal.

Necesidades de las mascotas

comida	correa	juguetes
agua	cariño	arenero

Perro   **Gato**

_____   _____

_____   _____

_____   _____

_____   _____

_____   _____

Nombre _____ Fecha _____

Aprendizaje del lenguaje: cuenta las sílabas

Instrucciones: Todas las palabras a continuación son de esta sección del cuento. Lee cada palabra en voz baja. Si la palabra tiene dos sílabas, enciérrala.

¡Pistas del lenguaje!

- Por lo general, cada sílaba tiene solamente un sonido vocálico.

- Como ayuda, dé una palmada por cada sílaba.

no   hermano   padres   amigos

Henry   mucho   otra   collar

casi   perro   mascota   ser   dijo

casa   buscar   sin   niños   cara

bien   es   pequeño   crespo

orejas   un   de   Mudge   más

pelo   cachorro   grande   vez

fin   calle   vivir

Nombre _____ Fecha _____

Elementos del texto: personaje

Instrucciones: Henry no quiere un perro pequeño. No quiere un perro con el pelo rizado. No quiere un perro con las orejas puntiagudas. Haz un dibujo de un perro que a Henry le gustaría tener. No dibujes a Mudge.

Nombre _____ **Fecha** _____

Elementos del texto: trama

Instrucciones: Henry quiere poder jugar con alguien. Por fin convence a sus padres de dejarlo tener un perro. Imagina que eres Henry. Escribe una carta contando todas las razones por las que te deberían permitir tener un perro.

_____ :

_____

_____

_____

_____

_____

_____

_____

_____

_____

_____ ,

_____

Henry Walks to School (pages 14–17)

Vocabulary Overview

Key words and phrases from this section are provided below with definitions and sentences about how the words are used in the story. Introduce and discuss these important vocabulary words with students. If you think these words or other words in the story warrant more time devoted to them, there are suggestions in the introduction for other vocabulary activities (page 5).

Palabra o frase	Definición	Oración sobre el texto
acostumbraba (p. 14)	ocurrió en el pasado pero no ocurre ahora	Henry **acostumbraba** caminar solo a la escuela.
solo (p. 14)	sin alguien que conoces	Henry acostumbraba caminar **solo** a la escuela.
se preocupaba (p. 14)	se inquietaba o se ponía nervioso	Antes de Mudge, Henry **se preocupaba** cuando caminaba a la escuela.
tornados (p. 14)	tormentas con lluvia y vientos turbulentos y peligrosos	A Henry le daban miedo los **tornados**.
fantasmas (p. 14)	figuras borrosas de personas	Henry se preocupaba por **fantasmas** camino a la escuela.
de frente (p. 14)	justo en el camino, en línea recta	Henry miraba **de frente**.
nunca (p. 15)	jamás; ni una sola vez	**Nunca** miraba hacia atrás Henry.
pensaba en (p. 15)	imaginaba o visualizaba	Henry **pensaba en** buenos sueños.
de espaldas (p. 16)	hacia atrás, al revés	Ahora, a veces Henry camina **de espaldas** a la escuela.
cabezota (p. 16)	cabeza grande	Henry acariciaba la **cabezota** de Mudge.

Nombre _____ Fecha _____

Actividad del vocabulario

Instrucciones: Traza líneas para unir las oraciones.

Comienzos de oraciones	Finales de oraciones
Henry acostumbraba	mira hacia atrás.
Henry **nunca**	**de espaldas** a la escuela.
Le dan miedo	de conseguir a Mudge.
Henry no **se preocupa** después	caminar **solo** a la escuela.
A veces Henry camina	los **tornados**, los **fantasmas** y los niños rudos.

Instrucciones: Responde la pregunta.

1. Describe las cosas **en** las que **piensa** Henry cuando camina a la escuela con Mudge.

_____

_____

Henry Walks to School (pages 14-17)

Analyzing the Literature

Provided below are discussion questions you can use in small groups, with the whole class, or for written assignments. Each question is written at two levels so you can choose the right question for each group of students. For each question, a few key points are provided for your reference as you discuss the book with students.

Story Element	Level 1 Questions for Students	Level 2 Questions for Students	Key Discussion Points
Plot	¿Por qué Henry ya no se preocupa camino a la escuela?	¿Cómo cambian los pensamientos de Henry cuando Mudge está con él?	Henry is afraid to walk to school alone. He worries about real and not-so-real dangers that could happen to him. When Mudge is with him, he isn't afraid of anything, and so his thoughts change to the things that he loves and things that make him happy.
Character	¿De qué tiene miedo Henry?	¿Cuáles de las cosas que le dan miedo a Henry son verdaderas y cuáles probablemente no sucederán?	Henry is afraid of tornadoes, ghosts, biting dogs, and bullies. Henry probably is not going to experience a tornado or a ghost, but he might have bad experiences with biting dogs and bullies.
Plot	¿Por qué caminar a la escuela con Mudge hace feliz a Henry?	¿Por qué crees que Henry piensa en cosas felices y hace cosas bobas después de que Mudge empieza a caminar con él a la escuela?	Henry probably feels much more secure walking with a big dog. He probably knows that Mudge will protect him from anything, so he is free to relax and have fun.

Nombre _____ Fecha _____

Reflexión del lector

Piensa

Piensa en algo que antes te daba miedo pero ahora no.

Tema de escritura narrativa

Escribe sobre algo que antes te daba miedo pero ahora no. Explica cómo has cambiado para ya no tener miedo.

_____

_____

_____

_____

_____

_____

_____

_____

_____

_____

Nombre _____ Fecha _____

Lectura enfocada guiada

Vuelve a leer con atención sobre las caminatas de Henry antes y después de conseguir a Mudge (páginas 14–17).

Instrucciones: Piensa en estas preguntas. En los espacios, escribe ideas o haz dibujos. Prepárate para compartir tus respuestas.

❶ ¿Qué palabra del cuento significa *inquieto* o *nervioso*?

❷ ¿Qué oración muestra que Henry quiere llegar rápido a la escuela?

❸ ¿Qué texto muestra que Henry está más a gusto caminando a la escuela con Mudge?

Nombre _____ Fecha _____

Relacionarse: ¿preocupado o no?

Instrucciones: ¿Qué tipo de cosas te hacen sentir preocupado? ¿Qué tipo de cosas te hacen sentir seguro? Escribe las ideas en el Banco de palabras en al menos una columna. Luego, agrega unas ideas más en cada columna.

Banco de palabras

perros	familia	tornados	mi hogar
niños rudos	ruidos de espanto	buenos amigos	extraños

Me preocupa	Me hace sentir seguro

Nombre _____ Fecha _____

Aprendizaje del lenguaje: ortografía

Instrucciones: Las palabras en esta página se encuentran en esta sección del cuento. Estas palabras están mal escritas. Revisa la escritura y corrige la ortografía. En la parte inferior de la página, escribe una oración sobre el cuento usando al menos dos de las palabras.

¡Pistas del lenguaje!

- Es buena idea usar un diccionario para revisar la ortografía de las palabras.

- No olvides usar las palabras guía en la parte superior del diccionario.

escela _____

hasia _____

peros _____

suenos _____

aora _____

felis _____

_____

_____

_____

_____

Nombre _____ Fecha _____

Elementos del texto: personaje

Instrucciones: Henry tiene miedo de caminar solo a la escuela. Dibuja dos cosas que te dan miedo cuando estás solo. Describe tus imágenes.

_____

_____

_____

_____

Nombre _____ Fecha _____

Elementos del texto: escenario

Instrucciones: Describe detalladamente el camino que toma Henry para llegar a la escuela. Incluye lugares donde podrían esconderse cosas que lo asustan.

_____

_____

_____

_____

_____

_____

_____

_____

_____

_____

_____

Mudge in Henry's Room (pages 18–22)

Vocabulary Overview

Key words and phrases from this section are provided below with definitions and sentences about how the words are used in the story. Introduce and discuss these important vocabulary words with students. If you think these words or other words in the story warrant more time devoted to them, there are suggestions in the introduction for other vocabulary activities (page 5).

Palabra o frase	Definición	Oración sobre el texto
encantaba (p. 18)	gustaba mucho	A Mudge le **encantan** las cosas en el cuarto de Henry.
sucios (p. 18)	no limpios	Le encantan los calcetines **sucios**.
oso de peluche (p. 18)	un juguete con forma de oso que está lleno de material blando	Le encanta el **oso de peluche**.
pecera (p. 18)	contenedor de vidrio que se llena de agua para tener peces	Mudge mira la **pecera** con atención.
sobre todo (p. 18)	de manera principal	**Sobre todo** le encanta la cama de Henry.
meterse (p. 20)	entrar	Le gusta **meterse** en la cama con Henry.
oler (p. 20)	usar la nariz para percibir olores	**Huele** a Henry cuando están en la cama.
husmeaba (p. 21)	olfateaba	Mudge **husmea** el pelo y la boca de Henry.
miraba (p. 22)	veía	Mudge **mira** las cosas en el cuarto de Henry.
quedaba dormido (p. 22)	iba de despierto a dormido	Mudge se **queda dormido** junto a Henry.

Nombre _____ Fecha _____

Actividad del vocabulario

Instrucciones: Cada oración viene del cuento. Recórtalas. Ponlas en orden basándote en los sucesos del cuento.

"Y se **quedaba dormido**".

"Pero **sobre todo** le encantaba la cama de Henry".

"Le **husmeaba** las orejas llenas de jabón".

"A Mudge le **encantaba** el cuarto de Henry".

"Luego le **encantaba** olerlo".

"**Miraba** al oso".

Mudge in Henry's Room (pages 18–22)

Analyzing the Literature

Provided below are discussion questions you can use in small groups, with the whole class, or for written assignments. Each question is written at two levels so you can choose the right question for each group of students. For each question, a few key points are provided for your reference as you discuss the book with students.

Story Element	Level 1 Questions for Students	Level 2 Questions for Students	Key Discussion Points
Setting	¿Qué es lo que más le encanta a Mudge en el cuarto de Henry?	¿Por qué a Mudge le encanta la cama de Henry?	There are many things in Henry's room that are interesting to Mudge, but he loves Henry's bed the most. Henry's smell is on the bed and often Henry is in the bed, and Mudge likes to be near Henry.
Plot	¿Por qué crees que Mudge quiere dormir en la cama de Henry?	¿Dónde le gusta a Mudge más estar y por qué?	Mudge's favorite place is Henry's bed because Henry is often in it. It probably smells like Henry even when Henry isn't there.
Character	¿Cuáles son algunas de las cosas que a Mudge le encantan en el cuarto de Henry?	¿Por qué es que a Mudge le encantan los calcetines sucios de Henry?	Mudge loves the dirty socks, stuffed bear, the fish tank, and the bed. The socks probably smell like Henry, and Mudge wants to feel close to him.

Nombre _____ Fecha _____

Reflexión del lector

Piensa

Piensa en las cosas que te gusta oler.

Tema de escritura de opinión

¿Qué cosas para ti huelen lo mejor en todo el mundo? Asegúrate de incluir razones específicas sobre por qué te gusta oler cada artículo.

_____

_____

_____

_____

_____

_____

_____

_____

_____

_____

Nombre _____ Fecha _____

Lectura enfocada guiada

Vuelve a leer con atención sobre cómo a Mudge le encanta el cuarto de Henry (páginas 18–21).

Instrucciones: Piensa en estas preguntas. En los espacios, escribe ideas o haz dibujos. Prepárate para compartir tus respuestas.

❶ ¿Qué adjetivos se encuentran en esta sección?

❷ Basándote en el texto, ¿cuál es la cosa que a Mudge más le encanta en el cuarto de Henry?

❸ ¿Qué evidencias del texto muestran que Mudge quiere a Henry?

Nombre _____ Fecha _____

Relacionarse: mi cuarto

Instrucciones: Piensa en las cosas en tu cuarto. ¿Cuáles son tus cosas favoritas? ¿Qué cosas le gustarían más a un perro? Dibuja un mapa de tu cuarto. Encierra con rojo las cosas que más te gustan. Encierra con azul las cosas que le gustarían a un perro. Usa símbolos para simbolizar los muebles, las puertas y las ventanas. Incluye una leyenda que explique los símbolos de tu mapa.

Nombre _____ Fecha _____

Aprendizaje del lenguaje: palabras base

Instrucciones: Las palabras a continuación son de esta sección del libro. Cada palabra tiene un sufijo que se le agregó a la palabra base. Escribe cada palabra base y cada sufijo. La primera ya se ha hecho.

¡Pistas del lenguaje!

- Un sufijo es una terminación que se le agrega a una palabra.
- A una palabra base se le pueden agregar sufijos.

Palabra	Palabra base	Sufijo
1. encantaba	*encantar*	*-aba*
2. calcetines		
3. pecera		
4. estaba		
5. husmeaba		
6. miraba		
7. lamía		
8. dormido		

Instrucciones: Escribe una oración sobre el cuento usando al menos tres de las palabras.

_____

_____

Nombre _____ Fecha _____

Elementos del texto: personaje

Instrucciones: Enumera al menos 10 cosas diferentes que podría hacer Mudge cuando Henry está en la escuela.

1. _____

2. _____

3. _____

4. _____

5. _____

6. _____

7. _____

8. _____

9. _____

10. _____

Nombre _____ Fecha _____

Elementos del texto: escenario

Instrucciones: Completa el diagrama de Venn para comparar y contrastar tu cuarto con el de Henry. Incluye al menos cuatro cosas en cada sección del diagrama de Venn.

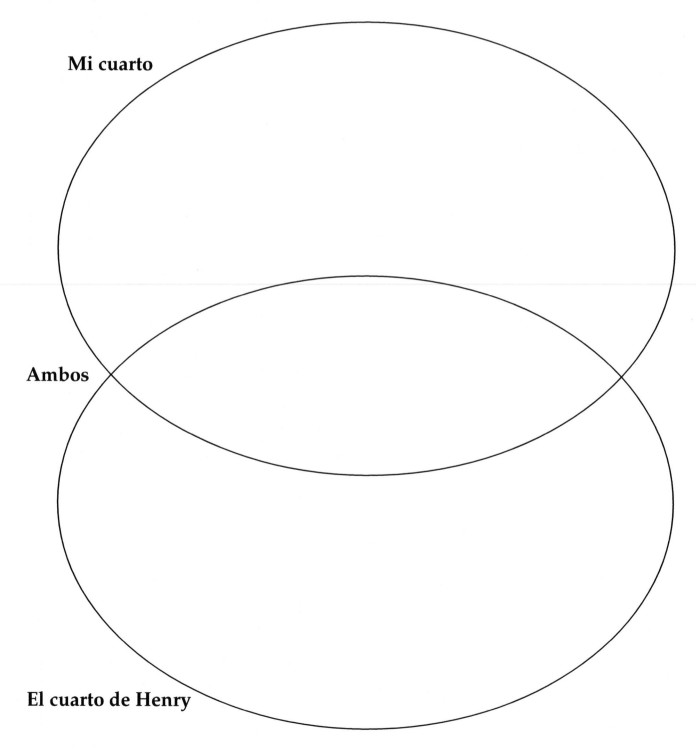

Mi cuarto

Ambos

El cuarto de Henry

Mudge Gets Lost (pages 23–34)

Vocabulary Overview

Key words and phrases from this section are provided below with definitions and sentences about how the words are used in the story. Introduce and discuss these important vocabulary words with students. If you think these words or other words in the story warrant more time devoted to them, there are suggestions in the introduction for other vocabulary activities (page 5).

Palabra o frase	Definición	Oración sobre el texto
brillaba (p. 23)	reflejaba la luz	El sol brillaba.
hierba (p. 23)	plantas pequeñas	La hierba tenía un olor dulce.
olisqueando (p. 24)	usando la nariz para husmear	Mudge olisquea el camino.
arbustos (p. 24)	plantas que tienen tallos de madera y que son más pequeños que un árbol	Mudge olisquea los arbustos.
arroyo (p. 24)	un río pequeño	Un arroyo cruza el bosque.
portal (p. 26)	espacio cubierto en la entrada de un edificio que puede o no tener paredes	Mudge no puede oler el portal de la casa.
gimoteó (p. 27)	lloriqueó	Mudge gimotea sin Henry.
hora (p. 29)	60 minutos	Henry llora por una hora.
detenía (p. 32)	dejaba de moverse	Henry se detenía junto a un arroyo.
solitario (p. 34)	sin compañía	Mudge se siente solitario sin Henry.

Nombre _____ Fecha _____

Actividad del vocabulario

Instrucciones: Completa cada oración con una de las palabras a continuación.

Palabras del cuento

hierba	brillaba	olisqueando	gimoteó	detenía
arroyo	solitario	arbustos	portal	hora

1. El sol _____ en el cielo.

2. Sin Henry, Mudge se siente _____.

3. La _____ tenía un olor dulce.

4. Mudge se sentía triste, se acostó y _____.

Instrucciones: Responde la pregunta.

5. ¿Qué hace Henry cuando Mudge se pierde?

_____

_____

_____

_____

Mudge Gets Lost (pages 23–34)

Analyzing the Literature

Provided below are discussion questions you can use in small groups, with the whole class, or for written assignments. Each question is written at two levels so you can choose the right question for each group of students. For each question, a few key points are provided for your reference as you discuss the book with students.

Story Element	Level 1 Questions for Students	Level 2 Questions for Students	Key Discussion Points
Plot	¿Por qué crees que Mudge se fue de casa?	¿Cómo sabe Henry que Mudge nunca se iría?	Mudge is probably curious about the world and wants to explore. He does not think he will get lost. Henry knows how much Mudge loves him and that he would never leave him on purpose, so he figures Mudge must be lost.
Character	¿Qué hace Mudge cuando se da cuenta de que está perdido?	¿Cómo crees que se siente Mudge cuando no puede encontrar el camino a casa?	Mudge looks around and he sniffs. Then, he just lays down on the ground. He probably feels sad, lonely, and worried.
Plot	¿Qué es lo primero que hace Henry cuando se da cuenta de que Mudge se fue?	¿Qué hace que Henry se de cuenta de que Mudge debe estar perdido?	Henry calls for him and then he cries. Then, Henry realizes that Mudge would never leave him on purpose, so he must be lost.
Plot	¿Qué hace Henry para encontrar a Mudge?	¿Por qué crees que Henry llama a Mudge por su nombre?	Henry looks for Mudge. He looks down the road, in a field, and in the trees. Henry calls out because he thinks maybe Mudge will hear him.

Nombre _____ Fecha _____

Reflexión del lector

Piensa

Mudge se pierde en esta parte del cuento. Piensa en lo que deberías hacer si alguna vez te pierdes.

Tema de escritura informativa/explicativa

Escribe los pasos a seguir si alguna vez te pierdes. Enumera varias ideas de lo que podrías hacer para ayudarte a encontrar el camino.

_____

_____

_____

_____

_____

_____

_____

_____

_____

Nombre _____ Fecha _____

Lectura enfocada guiada

Vuelve a leer con atención sobre cuando Mudge se pierde (páginas 24–27).

Instrucciones: Piensa en estas preguntas. En los espacios, escribe ideas o haz dibujos. Prepárate para compartir tus respuestas.

❶ ¿Qué palabras del texto muestran que Mudge se fue lejos de casa?

❷ Usa el texto para mostrar que Mudge no prestaba atención a donde iba.

❸ ¿Qué texto te ayuda a entender que Mudge sabe que está perdido?

Nombre _____ Fecha _____

Relacionarse: orden alfabético

Instrucciones: Piensa en alguna vez en que hayas estado triste. ¿Qué palabras describen cómo te sentiste? Cuando Mudge se perdió, él y Henry se sintieron tristes. Vuelve a escribir las palabras tristes de abajo en orden alfabético. Luego, escribe al menos cinco palabras para sentimientos felices. Escríbelas en orden alfabético.

Palabras de esta sección	En orden alfabético
solo	_____
dolió	_____
lloró	_____
gimoteó	_____
solitario	_____

Palabras para sentimientos felices

1. _____

2. _____

3. _____

4. _____

5. _____

Nombre _____ Fecha _____

Aprendizaje del lenguaje: grupos consonánticos

Instrucciones: Algunas de las palabras del cuento empiezan con grupos consonánticos. Agrega la sílaba con el grupo consonántico a la palabra que corresponde. Luego, escribe las palabras completas en las casillas.

¡Pistas del lenguaje!

- Muchos grupos consonánticos llevan consonante + *r* o consonante + *l*.

- Los grupos consonánticos inician sílabas.

Banco de palabras

tres	cre	bri	gran
tre	fren	pri	cres

_____ -me-ro

_____ -po

_____ -ció

_____ -des

_____

_____ -te

_____ -lla-ba

en- _____

Nombre _____ Fecha _____

Elementos del texto: trama

Instrucciones: La trama de un cuento está formada por sucesos. Enumera los sucesos en el orden en que sucedieron en el cuento. En los renglones, describe tu parte favorita de esta sección del libro.

_____ Mudge corre hacia Henry.

_____ Henry se pone triste.

_____ Mudge cruza un campo.

_____ Mudge se va de paseo.

_____ Mudge se pierde.

_____ Henry busca a Mudge.

Nombre _____ Fecha _____

Elementos del texto: escenario

Instrucciones: Mudge camina por un camino y por un campo, cruza un arroyo y camina entre los pinos. Haz dibujos de los lugares por donde se fue Mudge.

se fue por un camino	se fue por un campo
cruzó un arroyo	se fue entre los pinos

Henry and Mudge Back Together (pages 35-40)

Vocabulary Overview

Key words and phrases from this section are provided below with definitions and sentences about how the words are used in the story. Introduce and discuss these important vocabulary words with students. If you think these words or other words in the story warrant more time devoted to them, there are suggestions in the introduction for other vocabulary activities (page 5).

Palabra o frase	Definición	Oración sobre el texto
despertarse (p. 35)	dejar de dormir	Al **despertarse**, Henry ve la cabezota de Mudge.
desayunaban (p. 36)	comían por la mañana	Henry y Mudge **desayunaban** al mismo tiempo.
almorzaban (p. 36)	comían por la tarde	Henry y Mudge **almorzaban** al mismo tiempo.
esperaba (p. 37)	se quedaba en un lugar hasta que llegara alguien	Mudge **esperaba** a Henry.
preocuparse (p. 37)	sentir inquietud	Henry nunca vuelve a **preocuparse** por su perro.
silenciosos (p. 39)	callados, que no hacen ruido	El camino es largo y **silencioso**.
abiertos (p. 39)	muy extensos	Henry ve grandes campos **abiertos** en su sueño.
se acordaba (p. 39)	le volvía a la memoria	Mudge **se acuerda** del sueño.
se acercaba (p. 40)	estaba cada vez más cerca	Henry y Mudge **se acercaban** más.
temor (p. 40)	miedo	Henry recordaba el **temor** de perder a Mudge.

Nombre _____ Fecha _____

Actividad del vocabulario

Instrucciones: Practica tus destrezas de vocabulario y escritura. Escribe al menos tres oraciones usando palabras del cuento. Asegúrate de que tus oraciones muestren lo que significan las palabras.

Palabras del cuento

despertarse	desayunaban	almorzaban	esperaba	preocuparse
silenciosos	abiertos	se acordaba	se acercaba	temor

_____

_____

_____

_____

_____

_____

_____

Instrucciones: Responde la pregunta.

1. En sus sueños, ¿de qué **se acordaba** Henry sobre el **temor**?

_____

_____

Henry and Mudge Back Together (pages 35-40)

Analyzing the Literature

Provided below are discussion questions you can use in small groups, with the whole class, or for written assignments. Each question is written at two levels so you can choose the right question for each group of students. For each question, a few key points are provided for your reference as you discuss the book with students.

Story Element	Level 1 Questions for Students	Level 2 Questions for Students	Key Discussion Points
Plot	¿Qué ve Henry cada mañana cuando se despierta?	¿Qué hace Mudge cada mañana?	Henry sees Mudge's big head when he wakes up because Mudge looks into Henry's face to wait for him to wake up.
Plot	¿Qué cosas hacen al mismo tiempo Henry y Mudge?	¿Cómo sabes que a Henry y a Mudge les gusta hacer cosas juntos?	They eat their meals together because they do not want to be away from each other.
Setting	¿Qué ven en sus sueños Henry y Mudge?	¿Cómo crees que los sueños afectan a Henry y a Mudge?	They see a long road, streams, and pine trees. They are both alone in the dreams, so they probably do not like it. It might make them feel fearful.
Character	¿Cuáles son algunas palabras para describir a Mudge?	¿Cómo sabes que Mudge es buen amigo de Henry?	Mudge is loyal and loving and protective. He always wants to be near Henry and spends all of his time with him.

Nombre _____ Fecha _____

Reflexión del lector

Piensa

Piensa en un sueño maravilloso que hayas tenido.

Tema de escritura narrativa

Describe un sueño maravilloso que hayas tenido. Asegúrate de incluir detalles sobre tu sueño y por qué fue especial.

_____

_____

_____

_____

_____

_____

_____

_____

_____

Nombre _____ Fecha _____

Lectura enfocada guiada

Vuelve a leer con atención los sueños de Henry y de Mudge (páginas 38–39).

Instrucciones: Piensa en estas preguntas. En los espacios, escribe ideas o haz dibujos. Prepárate para compartir tus respuestas.

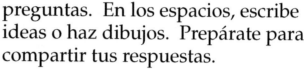

❶ ¿Qué información te da la imagen sobre los personajes?

❷ Usa el texto para describir el sueño de Henry y el sueño de Mudge.

❸ ¿Cómo sabe Henry que no perdería a Mudge nunca más?

Nombre _____ Fecha _____

Relacionarse: figuras

Instrucciones: Después del regreso de Mudge a casa, él y Henry comen juntos. Haz un dibujo de los dos amigos cuando comen. En el dibujo, incluye al menos tres círculos, tres triángulos, tres cuadrados y tres rectángulos. Por ejemplo, podrías dibujar un tazón que es un círculo y una servilleta que es un rectángulo.

Nombre _____ Fecha _____

Aprendizaje del lenguaje: sustantivos

Instrucciones: Observa las palabras en el Banco de palabras. Estas palabras son diferentes tipos de sustantivos del cuento. Pon cada palabra en la categoría correcta.

¡Pistas del lenguaje!

- Los sustantivos comunes nombran personas, lugares y cosas no específicas.

- Los sustantivos propios nombran personas, lugares y cosas específicas.

- Los sustantivos con posesivos nombran cosas que pertenecen a alguien.

Banco de palabras

cabeza de Mudge	escuela	desayuno
Mudge	Henry	cara de Henry

Sustantivos comunes	Sustantivos propios	Sustantivos con posesivos
_____	_____	_____
_____	_____	_____

Nombre _____ Fecha _____

Elementos del texto: trama

Instrucciones: Los cuentos a menudo tienen finales felices. Describe de qué manera este cuento termina de forma feliz. Haz un dibujo para acompañar tu descripción.

_____

_____

_____

_____

_____

_____

Nombre _____ Fecha _____

Elementos del texto: escenario

Instrucciones: Mudge y Henry tienen sueños tristes sobre estar separados el uno del otro. Haz un dibujo que muestre lo que es igual en sus sueños.

Nombre _____ Fecha _____

Poslectura: pensamientos sobre el tema

Instrucciones: Imagina que eres Henry o Mudge. Dibuja una carita feliz o una carita triste para mostrar qué piensa el personaje de cada afirmación. Luego, explica tu respuesta.

El personaje que elegí: _____

Afirmación	¿Qué piensa? 😊 ☹️	Explica tu respuesta
Los perros son buenos amigos.		
Estar solo puede dar miedo.		
Es triste perder una mascota.		
No es importante tener un buen amigo.		

Culminating Activity: Reader's Theater

Directions: Explain to students that a reader's theater is like a play. The major difference is that students can read their parts during the performance. Tell them that they will pair up. One person will be Henry, and the other person will be Mudge.

Masks

Duplicate the Henry and Mudge masks on pages 61–62. Have students cut out their masks. Use a hole puncher to punch holes through the small circles at the outer edges of each mask. Then, loop a small rubber band through each hole. These go around a child's ears to hold the mask in place. You can also tie the masks on with string or yarn.

Practicing Parts

Duplicate the reader's theater script on page 63. Help students identify their parts on the script. Model for them how to read with expression. Have students think about how Henry might speak to Mudge and how Mudge might sound when he talks. Allow students to practice reading their parts aloud numerous times before performing.

Actividad culminante: teatro leído (cont.)

Actividad culminante: teatro leído *(cont.)*

Actividad culminante: teatro leído (cont.)

Henry y Mudge: teatro leído

Henry: ¡Me alegro tanto de que seas mi perro, Mudge!

Mudge: ¡Te quiero, Henry!

Henry: Caminar a la escuela me preocupa. ¿Caminas conmigo?

Mudge: ¡Claro que sí, Henry! Te cuido.

Henry: ¡Nos vemos después de la escuela, Mudge!

Mudge: Te espero en tu cuarto.

Después de la escuela

Henry: ¡Hola, Mudge! ¿Qué hiciste hoy?

Mudge: Miré todas las cosas geniales en tu cuarto, pero te extrañé.

Se pierde Mudge

Henry: ¡Mudge! ¡Mudge! ¿Dónde estás? Oh, Mudge, estoy muy triste sin ti.

Mudge: Me siento muy solo. No sé cómo regresar a casa.

Henry: ¡Mudge! ¡Mudge! ¿Me oyes?

Mudge: ¡Henry, aquí estoy! Estaba perdido.

Henry: Eres un buen perro, Mudge. No me dejes nunca más.

Mudge: Tendría miedo de dejarte, Henry. Me gusta estar contigo.

Henry: Eres el mejor perro y mi mejor amigo.

Mudge: Tú eres mi mejor amigo también, Henry.

Evaluación de la comprensión

Instrucciones: Llena la mejor respuesta para cada pregunta.

Sección 1: páginas 5–13

1. ¿Qué demuestra que Henry está feliz de conseguir un perro?

(A) "Henry empezó a buscar un perro".

(B) "Quiero un hermano".

(C) "¡Quiero abrazarlos!".

(D) "Entonces encontró a Mudge".

Sección 2: páginas 14–17

2. ¿Por qué Henry camina tan rápido a la escuela?

(E) Tiene miedo de caminar solo.

(F) No le gusta la escuela.

(G) No se siente bien.

(H) Llega tarde.

Sección 3: páginas 18–22

3. ¿Qué demuestra que a Mudge le gusta más la cama de Henry?

(A) La cama es colorida.

(B) Se esconde debajo de la cama cuando Henry se va.

(C) La pecera está junto a la cama.

(D) Se mete a la cama con Henry.

Evaluación de la comprensión (cont.)

Sección 4: páginas 23–34

4. Describe la diferencia de cómo se siente Mudge desde cuando empieza su paseo hasta cuando se pierde.

_____

_____

_____

_____

_____

_____

_____

Sección 5: páginas 35–40

5. ¿Qué demuestra que Henry está feliz de estar reunido con Mudge otra vez?

(E) Henry desayuna.

(F) Henry se queda cerca de Mudge.

(G) Mudge no sale de la casa.

(H) Henry tiene sueños.

Nombre _____ Fecha _____

Reflexión sobre la literatura:
los beneficios de tener una mascota

Instrucciones: Es divertido tener una mascota. También es una gran responsabilidad. A veces tener una mascota puede causar miedo o tristeza si la mascota está enferma o se hace vieja. La mayoría de quienes tienen mascotas piensan que vale la pena. Completa la red de palabras con razones por las que vale la pena tener una mascota. Luego, contesta las preguntas de la siguiente página.

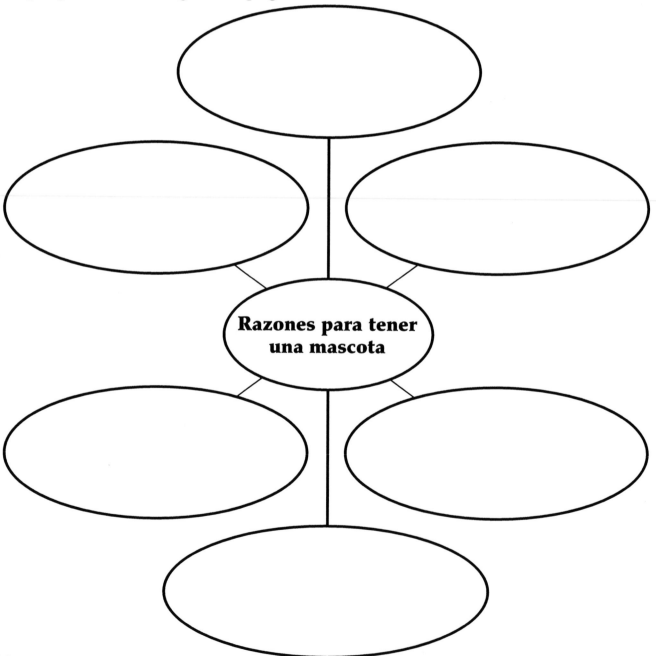

Razones para tener una mascota

Nombre _____ Fecha _____

Reflexión sobre la literatura:
los beneficios de tener una mascota (cont.)

1. ¿Cuál es la mejor razón para tener una mascota?

_____

_____

_____

_____

2. ¿De qué manera las mascotas mejoran nuestras vidas?

_____

_____

_____

_____

3. ¿Qué crees que es lo que más le gusta a Henry de Mudge?

_____

_____

_____

_____

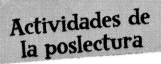
Nombre _____ Fecha _____

Pauta: Reflexión sobre la literatura

Instrucciones: Use esta pauta para evaluar las respuestas de los estudiantes.

Fantástico trabajo	Bien hecho	Sigue intentándolo
☐ Contestaste las tres preguntas de manera completa. Incluiste muchos detalles.	☐ Contestaste las tres preguntas.	☐ No contestaste las tres preguntas.
☐ Tu caligrafía es fácil de leer. No hay errores de ortografía.	☐ Podrías mejorar tu caligrafía. Hay algunos errores de ortografía.	☐ Tu caligrafía no se puede leer muy fácilmente. Hay muchos errores de ortografía.
☐ Tu dibujo es claro y está coloreado completamente.	☐ Tu dibujo es claro y una parte está coloreada.	☐ Tu dibujo no es muy claro o no está coloreado completamente.
☐ La creatividad es evidente tanto en el dibujo como en el escrito.	☐ La creatividad es evidente en el dibujo o en el escrito.	☐ No hay mucha creatividad ni en el dibujo ni en el escrito.

Comentarios del maestro: _____

_____

Nombre _____ Fecha _____

_____

Nombre _____ Fecha _____

_____

_____

_____

_____

_____

_____

_____

_____

_____

_____

_____

_____

_____

_____

_____

_____

The responses provided here are just examples of what students may answer. Many accurate responses are possible for the questions throughout this unit.

Vocabulary Activity—Section 1:
Henry Gets a Dog (page 15)

1. Un perro puede jugar. Un perro pasa tiempo contigo. Un perro te quiere.

Guided Close Reading—Section 1:
Henry Gets a Dog (page 18)

1. Es un cachorro.

2. Mudge lame a Henry y se sienta sobre él.

3. Henry dice que quiere abrazar a sus padres.

Making Connections—Section 1:
Henry Gets a Dog (page 19)

Perro	Gato
comida	comida
juguetes	juguetes
agua	agua
cariño	cariño
correa	arenero

Language Learning—Section 1:
Henry Gets a Dog (page 20)

The following two-syllable words should be circled: padres, Henry, mucho, otra, collar, casi, perro, dijo, casa, buscar, niños, cara, crespo, pelo, grande, calle, and vivir.

Vocabulary Activity—Section 2:
Henry Walks to School (page 24)

- Henry acostumbraba caminar **solo** a la escuela.

- Henry **nunca** mira hacia atrás.

- Le dan miedo los **tornados**, los **fantasmas** y los niños rudos.

- Henry no **se preocupa** después de conseguir a Mudge.

- A veces Henry camina **de espaldas** a la escuela.

1. Henry piensa en el helado de vainilla, la lluvia, las piedras y los buenos sueños.

Guided Close Reading—Section 2:
Henry Walks to School (page 27)

1. preocupaba

2. Caminaba tan rápido como podía.

3. Y ahora, mientras caminaba, pensaba en helados de vainilla, la lluvia, piedras, y buenos sueños. Caminaba a la escuela, pero no muy rápido. Caminaba a la escuela y a veces hasta caminaba de espaldas.

Making Connections—Section 2:
Henry Walks to School (page 28)

Me preocupa	Me hace sentir seguro
tornados	familia
niños rudos	mi hogar
ruidos de espanto	buenos amigos
extraños	
perros *(can be in either column)*	

Elementos del texto: Section 2:
Henry Walks to School (page 29)

The corrected spelling is as follows: escuela, hacia, perros, sueños, ahora, and feliz. Students should also write a sentence using at least two of the words.

Vocabulary Activity—Section 3:
Mudge in Henry's Room (page 33)

- "A Mudge le **encantaba** el cuarto de Henry".

- "Pero **sobre todo** le encantaba la cama de Henry".

- "Luego le **encantaba** olerlo".

- "Le **husmeaba** las orejas llenas de jabón".

- "**Miraba** al oso".

- "Y se **quedaba dormido**".

Guided Close Reading—Section 3:
Mudge in Henry's Room (page 36)

1. The adjectives include: sucios, de peluche, color limón, and llenos.

2. Lo que más le encanta es la cama de Henry.

3. Mudge husmea y lame a Henry y se queda dormido en la cama de Henry.

Language Learning—Section 3:
Mudge in Henry's Room (page 38)

1. encantaba	encantar	-aba
2. calcetines	calcetín	-es
3. pecera	pez	-era
4. estaba	estar	-aba
5. husmeaba	husmear	-aba
6. miraba	mirar	-aba
7. lamía	lamer	-ía
8. dormido	dormir	-ido

Vocabulary Activity—Section 4:
Mudge Gets Lost (page 42)

1. El sol **brillaba** en el cielo.
2. Sin Henry, Mudge se siente **solitario**.
3. La **hierba** tenía un olor dulce.
4. Mudge se sentía triste, se acostó y **gimoteó**.
5. Henry llora y luego va a buscar a Mudge.

Guided Close Reading—Section 4:
Mudge Gets Lost (page 45)

1. Se fue por un camino, luego por otro camino, se fue por un campo, cruzó un arroyo, caminó entre los pinos y salió al otro lado.
2. Olisqueaba los arbustos, y levantaba polvo.
3. Gimoteó y se acostó solo.

Making Connections—Section 4:
Mudge Gets Lost (page 46)

The alphabetical list is: dolió, gimoteó, lloró, solitario, and solo. Students should also include at least five words for happy feelings.

Language Learning—Section 4:
Mudge Gets Lost (page 47)

Although other words can be formed, this list shows where the specific words are in the book.

- primero (p. 7)
- crespo (p. 10)
- creció (p. 11)
- grandes (p. 11)
- tres (p. 12)
- frente (p. 15)
- brillaba (p. 23)
- entre (p. 24)

Elementos del texto: Section 4:
Mudge Gets Lost (page 48)

6 Mudge corre hacia Henry.
4 Henry se pone triste.
2 Mudge cruza un campo.
1 Mudge se va de paseo.
3 Mudge se pierde.
5 Henry busca a Mudge.

Vocabulary Activity—Section 5:
Henry and Mudge Back Together (page 51)

1. Recuerda que él y Mudge no estaban juntos.

Guided Close Reading—Section 5:
Henry and Mudge Back Together (page 54)

1. Mudge se queda en casa y espera a Henry.
2. Sueñan sobre caminos largos y silenciosos, campos, arroyos, pinos y sobre estar solos .
3. Mudge siempre estaba al lado de Henry.

Language Learning—Section 5:
Henry and Mudge Back Together (page 56)

Sustantivos comunes	Sustantivos propios	Sustantivos con posesivos
escuela	Mudge	cabeza de Mudge
desayuno	Henry	cara de Henry

Comprehension Assessment (pages 64–65)

1. C. "¡Quiero abrazarlos!".
2. E. Tiene miedo de caminar solo.
3. D. Se mete a la cama con Henry.
4. Mudge estaba ocupado y le interesaba todo. Corre y olisquea. Luego cuando se pierde, está triste, así que se acuesta y gimotea.
5. F. Henry se queda cerca de Mudge.